A violência
NOSSA DE CADA DIA

cartas para Maria

Editora Appris Ltda.
1.ª Edição - Copyright© 2022 da autora
Direitos de Edição Reservados à Editora Appris Ltda.

Nenhuma parte desta obra poderá ser utilizada indevidamente, sem estar de acordo com a Lei n° 9.610/98. Se incorreções forem encontradas, serão de exclusiva responsabilidade de seus organizadores. Foi realizado o Depósito Legal na Fundação Biblioteca Nacional, de acordo com as Leis n°s 10.994, de 14/12/2004, e 12.192, de 14/01/2010.

Catalogação na Fonte
Elaborado por: Josefina A. S. Guedes
Bibliotecária CRB 9/870

N847v 2022	Normandia, Luciana Costa A violência nossa de cada dia: cartas para Maria / Luciana Costa Normandia. - 1. ed. - Curitiba: Appris, 2022. 74 p. ; 21 cm. Inclui referências. ISBN 978-65-250-3481-2 1. Cartas brasileiras. 2. Violência contra mulheres. I. Título. CDD – 869.6

Appris editora

Editora e Livraria Appris Ltda.
Av. Manoel Ribas, 2265 – Mercês
Curitiba/PR – CEP: 80810-002
Tel. (41) 3156 - 4731
www.editoraappris.com.br

Printed in Brazil
Impresso no Brasil

Luciana Costa Normandia

A violência NOSSA DE CADA DIA

cartas para Maria

FICHA TÉCNICA

EDITORIAL	Augusto Vidal de Andrade Coelho
	Sara C. de Andrade Coelho
COMITÊ EDITORIAL	Marli Caetano
	Andréa Barbosa Gouveia (UFPR)
	Jacques de Lima Ferreira (UP)
	Marilda Aparecida Behrens (PUCPR)
	Ana El Achkar (UNIVERSO/RJ)
	Conrado Moreira Mendes (PUC-MG)
	Eliete Correia dos Santos (UEPB)
	Fabiano Santos (UERJ/IESP)
	Francinete Fernandes de Sousa (UEPB)
	Francisco Carlos Duarte (PUCPR)
	Francisco de Assis (Fiam-Faam, SP, Brasil)
	Juliana Reichert Assunção Tonelli (UEL)
	Maria Aparecida Barbosa (USP)
	Maria Helena Zamora (PUC-Rio)
	Maria Margarida de Andrade (Umack)
	Roque Ismael da Costa Güllich (UFFS)
	Toni Reis (UFPR)
	Valdomiro de Oliveira (UFPR)
	Valério Brusamolin (IFPR)
SUPERVISOR DA PRODUÇÃO	Renata Cristina Lopes Miccelli
ASSESSORIA EDITORIAL	Renata Cristina Lopes Miccelli
REVISÃO	José A. Ramos Junior
PRODUÇÃO EDITORIAL	Renata Cristina Lopes Miccelli
DIAGRAMAÇÃO	Yaidiris Torres
CAPA	Eneo Lage

*Às mulheres que
compartilharam suas histórias
de vida registradas nestas
páginas, gratidão!*

APRESENTAÇÃO

Desde muito jovem, aprendi que uma das melhores estratégias que colaboram para o processo de ensino/aprendizagem reside na abordagem baseada em situações de vivências da realidade, os chamados "estudos de casos". Posso destacar que um elemento-chave nessa forma de abordagem do ensino é o potencial de aproximação de conceitos teóricos, que são por vezes considerados abstratos para a concretude do contexto real das pessoas.

Foi pensando dessa forma que surgiram muitas inquietações acerca do tema violência contra a mulher, o qual, apesar de muito debatido, na prática, ainda suscita muitas dúvidas. Afinal, como o termo violência se evidencia na vida das mulheres e, de forma reiterada, fragiliza as relações das pessoas imbricadas no centro dessas questões?

Essa é uma pergunta que fizemos o esforço de elucidar por meio de situações vivenciadas no cotidiano das pessoas. Assim, minha aposta nesta escrita é de que, ao abordar o tema violência de forma didática, ele seja compreensível a todos os públicos e leitores.

Boa leitura!

PARTE 1

CAPÍTULO 1
PALAVRAS SÃO FOICES 11

CAPÍTULO 2
MULHER, MULHERES 15

CAPÍTULO 3
O EMPODERAMENTO 25

CAPÍTULO 4
QUAL SERIA, ENTÃO, A DIMENSÃO DA VIOLÊNCIA CONTRA A MULHER? 29

PARTE 2

CAPÍTULO 5
TODAS SOMOS MARIAS 45

CAPÍTULO 6
RECONHECENDO A VIOLÊNCIA NOSSA DE CADA DIA 59

CAPÍTULO 7
ENFIM... 65

REFERÊNCIAS 69

parte 1

Capítulo 1
Palavras são foices

Belo Horizonte, 29 de agosto de 2019

Querida Maria,

Apenas recentemente tive conhecimento do fato que lhe aconteceu. Saiba que sou plenamente solidária a você. E hoje em especial senti uma imensa vontade de te escrever e compartilhar um pouco de meus pensamentos.

Mal o dia já desponta, tenho que pular de cama cedo para me ajeitar para o trabalho. Essa situação não é uma particularidade apenas minha, mas é a rotina de milhões de trabalhadores em todo o mundo, quer seja homem ou mulher. Mas o que é universal aos poucos vai se diluindo e sendo filtrado pelas relações interpessoais e situações do cotidiano social que são apresentadas a mim no decorrer do dia. Prudente, paro para dar a passagem a um ônibus coletivo, pois, em meus cálculos, na via não caberiam os dois veículos ao mesmo tempo. Atrás vinha outro carro com dois ocupantes que, ao serem forçados a parar, se mostraram impacientes com minha ação de dar a preferência ao outro veículo, razão pela qual o motorista começou a buzinar freneticamente atrás de mim e, assim que teve oportunidade, ao me ultrapassar, lançou um olhar para meu carro e soltou em voz alta e em tom de ironia e desaprovação um: "sabia!"

Essa situação, corriqueira de trânsito, pode ser interpretada por muitos como um sentido normal ou até mesmo banal. Porém, logo cedo me causou um incômodo enjoado que me levou a refletir o resto do percurso sobre como isso não é um evento isolado. Não pelo fato de o motorista do carro estar com pressa, pois poderia estar atrasado para um compromisso, mas o que me incomodou foi a sequência dos eventos e a frase dita em seguida, com uma sonoridade carregada de simbologias e preconceitos. O que sabia de mim? Apenas que sou uma mulher motorista. Não foi a primeira vez que ouvi expressões como essa, pelo contrário, em vários momentos, mesmo seguindo à risca todas as regras de circulação de trânsito e me considerando uma boa condutora, vira e mexe aparece esse tipo de constrangimento. Na maioria das vezes me sinto envergonhada e violentada por ocorrências dessa natureza, principalmente quando estou com meus filhos a bordo.

Será, Maria, que estou sendo exagerada, dando créditos a um fato "tão pequeno"?! É exatamente aqui que temos um grande problema ao não refletir sobre como o micro pode reverberar no macro ou como o micro pode reproduzir o macro. O "deixar para lá" não é uma boa alternativa nesses casos.

Para a autora Nogueira *et al.* (2005, p. 9) falas com essas são reflexos de um processo social que atuam como peças de uma engrenagem para a perpetuação da estrutura de poder, para a dominação e a consequente opressão. Dessa forma, ao pensarmos a violência imprimida nesse discurso, adentramos um campo da linguística que se dedica a compreender as construções ideológicas normativas presentes nas falas: a análise do discurso.

A fala é um dos recursos que utilizamos para expressar nossos pensamentos, nossas críticas e opiniões.

Assim, Maria, podemos perceber que, por detrás de discursos como o que relatei, persistem muito preconceito e muita discriminação direcionados às mulheres, sinalizando uma absurda desigualdade entre os gêneros. Posso dizer que essa condição acaba gerando estigmas sociais que nos violentam constantemente. E são essas violências revestidas de sutilezas que precisam ser combatidas no nosso dia a dia. A violência se expressa por meio de muitas faces em nossa sociedade. A falsa sensação de igualdade apregoada na modernidade é facilmente desfeita no cotidiano, e o trânsito é também um desses locais em que é preciso combater atos explícitos da violência sofrida. O problema não é individual, mas envolve instâncias maiores. Não importa o quanto você se esmere para dirigir bem, a desaprovação sempre vem por meio de frases estereotipadas como: "Só podia ser!", "Tinha que ser!".

E por aí vai. Sem contar as frases de cunho obsceno e sexistas que ouvimos… Não podem ser consideradas como naturais tais situações. A ideia de que a mulher é um mal motorista ainda é um discurso vigente na sociedade.

"Mulheres no volante, perigo constante!"

Essa frase constitui-se em um dos grandes mitos misóginos disseminados na sociedade que precisa ser problematizado. Argumentação facilmente desmontada quando verificados os dados dos acidentes de trânsito nos últimos anos. Um estudo realizado pelo Detran da cidade de São Paulo, no ano de 2020, aferiu que o número de ocorrências envolvendo o sexo masculino foi 16% maior do que o de mulheres no trânsito (PASQUINI, 2020). As estatísticas apontam essa mesma realidade nas demais capitais brasileiras.

Já houve situações em que ouvi: "você dirige como um homem!" Entende-se na estranha lógica do senso comum que isso se refere a um elogio, pois dirijo bem.

Como são poderosos os discursos! O efeito psicológico que essas frases produzem em nós, mulheres, é totalmente ignorado, minimizado por o fato já ter se tornado normalizado na sociedade.

A questão a ser refletida é por que nós, mulheres, não falamos abertamente sobre como essas coisas corriqueiras nos afetam? Nos prejudicam?

No cotidiano é que são sentidas de fato as teorias de que as vulnerabilidades se interseccionam nos marcadores sociais sexo/gênero/raça, produzindo cada vez mais desigualdades entre as pessoas. Mas isso só me faz pensar que: se são produzidas no dia a dia, também é exatamente aqui que tem que ser processada a saída? As teorias sobre a desigualdade de gênero tão bem elaboradas, infelizmente, não alcançam a maioria do senso comum, o imaginário coletivo continua perpetuando as desigualdades e as variadas formas de violências quer sejam elas sutis ou escancaradas, letais ou não letais, com as quais somos obrigadas a conviver no dia a dia. Como você pode perceber, minha amiga, você não está só.

O exemplo do trânsito aqui exposto foi só um artifício utilizado para repensarmos como nosso dia a dia está permeado por violências direcionadas ao sexo feminino. Você, Maria, já parou para pensar nisso? Assim, te coloco o desafio: refletir sobre o enfrentamento da violência nossa do dia a dia.

Até breve!

CAPÍTULO 2
MULHER, MULHERES

Belo Horizonte, 4 de setembro de 2019

Olá, Maria,

Espero que esteja bem!

Por aqui, mais um dia de trabalho com sua aparente normalidade. São apenas dez horas da manhã e já estou preenchendo a terceira ficha de notificação de violência contra mais uma mulher, acredita?

Essa atividade, quase que cotidiana no processo de trabalho no serviço de saúde, me faz refletir mais uma vez sobre o papel conferido à mulher, nas questões de gênero e em como o feminino está submerso em vulnerabilidades e fragilidades que se interseccionam. Questões estas tão fortemente arraigadas em nossa sociedade que, vai geração e vem geração, ainda estão aí mostrando sua cara feia para nós. Os valores persistem em nossas vidas.

A esta altura, Maria, sinto a necessidade de mais uma vez reafirmar minha própria identidade. Sou mulher, negra, profissional, mãe, esposa e filha. Sou comum como tantas outras mulheres que povoam este planeta. Essas coisas me tocam de forma particular, como sujeito imbricado diretamente no processo, e me levam a pensar também na jornada que minhas ancestrais percorreram:

minha bisavó escravizada; minha avó, uma mulher extremamente submissa; minha mãe, que traz relatos da forma grotesca como era tratada pelo pai e irmãos, "eram tapas na cara, pontapés e xingamentos". Até pouco tempo, nunca tinha parado para pensar nas histórias das mulheres de minha família, e confesso que fiquei surpresa com tantas similitudes não só com minha própria trajetória, mas também com a de tantas outras mulheres que conheço. A verdade é que fica, portanto claro, que na questão da mulher há algo que foge da particularidade, atingindo o coletivo.

Você, Maria, tem percebido como a violência direcionada a nós, mulheres, tem atingido níveis catastróficos?

Penso que não deveria ser assim! Mas a realidade me prova todos os dias o contrário. As coisas "são assim mesmo", a frase entre aspas tomei emprestada de uma mulher, idosa e negra, moradora de um aglomerado da cidade de Belo Horizonte, que entrevistei para um trabalho acadêmico sobre racismo estrutural. E essa frase não me saiu mais da cabeça: "as coisas são assim mesmo. Fazer o quê?!" E é esse determinismo fatídico normalizado que provoca um incômodo enorme ao pensar como a sociedade brasileira comporta estruturas de poder que permitem as extremas desigualdades. Essa lógica me leva a entender que, se pensarmos de forma relacional, a violência contra as mulheres no Brasil é também um fator advindo da estruturação social.

O que pretendo refletir com você é sobre como a violência contra as mulheres arraigadas em nossa sociedade se manifesta em nosso dia a dia, não apenas de forma escancarada, mas com sutilidades disfarçadas de normalidades. As formas veladas da face da violência de gênero estão presentes diariamente, nas relações interpessoais e institucionais. Como você bem sabe, Maria, muitos autores discorreram sobre o tema violência, mas particularmente tenho apreço pela definição da autora Hannah Arendt (2011), que entende a violência como um jogo de poder, um instrumento e não como um fim em si. Ora, partindo da premissa de que instrumentos são feitos com uma utilidade própria, paro para pensar sobre a questão da violência enquanto um instrumento: se é um instrumento serve a quê? Para quê? Nas mãos de quem? Aqui posso inferir sobre o caráter político que a violência adquire, uma vez que pressupõem articulações e jogos de poder. E mais uma vez me remete a questões que giram em torno da relação assimétrica entre os seres humanos, e mais especificamente, entre os gêneros.

Essa reflexão me faz lembrar de um questionamento de uma paciente ao relatar a própria violência sofrida por ela: "até quando isso, meu Deus?". Me parece dura essa pergunta, até porque não tem como dar uma resposta... Seria de bom tom dizer sobre as leis, os debates atuais sobre o assunto, mas aí isso poderia suscitar mais dúvidas do que respostas. A fria letra da lei pura e simplesmente não garante a eliminação de processos em curso há anos.

Pense sobre a "etimologia" da palavra mulher (MULHER, [2022]). Vemos que, apesar de ter diversificados significados, prevalece o termo impresso nos dicionários, como a fêmea do macho. Em algumas sociedades, como a italiana, o significado literal corresponde exatamente à "esposa", que leva ao entendimento de que mulher de verdade era a que se casa. Daí podemos tirar a conclusão de que o papel da mulher sempre esteve atrelado ao do homem. O que dizer da definição do termo pensado por São Tomás de Aquino, que considera a mulher como "um homem incompleto"?

A definição do que é ser mulher nunca foi nem poderia ser linear, tão simples porque não cabe em uma única palavra. O ser mulher ocupa tantos espaços e no termo cabe tanta definição quanto se é possível, não havendo uma padronização.

O que é ser mulher na periferia? O que é ser mulher profissional liberal? O que é ser mulher negra? O que é ser mulher branca? O que é ser mulher indígena? Perguntas que até os dias de hoje permanecem sem uma definição exata. Questões que se tornam um pouco clarificadas ao aceitar as experiências de cada uma. Mas o que não se pode negar é que é uma palavra que carrega em seu cerne contextos políticos, sociais e cultural.

No auge do iluminismo, no século XVIII, movimento pautado pela valorização da razão, a pergunta que se faziam os filósofos era exatamente "o que é ser mulher" e seu papel na sociedade. Se olharmos para o pensamento de alguns dos grandes filósofos, como Rousseau, percebemos claramente o posicionamento pela desigualdade entre os gêneros. Ao defender a teoria da família patriarcal com sendo a família natural, entendia que as mulheres estariam sob o jugo de seus maridos e, portanto, não estavam presentes no contrato social. Kant semelhantemente compartilhava da lógica determinista da diferenciação entre homens e mulheres advinda do sexo, tecendo duras críticas quanto à participação do gênero feminino nas discussões políticas (MULHERES E..., c2022). Esses são apenas alguns dos pensamentos de homens considerados como referência na modernidade.

Em contrapartida, Maria, as contribuições que o movimento feminista trouxe para o tema são relevantes e ajudam a repensar o papel da mulher na sociedade baseado apenas no determinismo biológico. Na década de 1970 tivemos a formulação do termo gênero influenciado por esse movimento, utilizado para distinguir as dimensões do biológico e do social. Considero ser fundamentalmente importante problematizar essa questão, pois diz de identidade e de papéis enquanto pessoa. E é exatamente essa pluralidade que confere uma visão peculiar do lugar que o ser mulher ocupa nas sociedades. A invisibilidade que historicamente muitas vezes foi nos imposta ou a visibilidade negativa, como a caça às bruxas na Idade Média, nos diz da violência imprimida ao gênero feminino e que, apesar disso, não deu conta de apagar a força resiliente que resiste e insiste em perenizar dentro de cada uma. Novas formas de ser mulher vieram à tona. A alma feminina se eleva, não permitindo rótulos.

A autora Michele Rosaldo, em uma de suas obras lançada no ano de 1979, afirma que as desigualdades entre os gêneros são "universais", ou seja, é observada essa ocorrência em todo o mundo. Essas assimetrias entre os gêneros produzem paradoxos interesses, como o caso da Grécia. No considerado "berço da democracia" já estavam presentes questões de cunho antidemocrático, quando observado pelo viés do gênero. O papel de destaque de pensar e exercer o direito de cidadão na polis era somente para alguns cidadãos do sexo masculino, já à mulher cabia o papel do recato da vida privada. Situação também expressada em sua mitologia, cujas principais e mais influentes deusas eram sempre atreladas a alguma característica relacionada ao lugar esperado para a mulher na sociedade, como: Afrodite, deusa da beleza; Héstia: deusa do lar; e Deméter: deusa da fertilidade. Também há nessas histórias a representação simbólica da figura feminina como o ser que produz desordem e disfunção, como é o caso do mito de Pandora.

Ainda vemos grandes distorções advindas dessa balança que pende mais para o gênero feminino. Em países cujo sistema político está atrelado ao âmbito religioso, como no regime estabelecido pelo Talibã na década de 1990, os direitos das mulheres foram completamente retraídos, sequer poderiam colocar os pés para fora de suas casas sem a companhia de seu marido ou de um "responsável" do sexo masculino. Desponta o simbolismo da "burca" como o ápice da invisibilidade e da anulação total desse gênero. Em alguns países da África ainda persistem antigos rituais de passagem que chocam pela brutalidade, como as mutilações das meninas, com objetivo de extinguir o gozo feminino, que lamentavelmente ainda são plenamente aceitáveis naquela sociedade. Como podemos ver por esses emblemáticos exemplos, as assimetrias entre os gêneros são de fato universais.

A grande pensadora Simone de Beauvoir acreditava que seria possível romper com essas distorções por meio do mundo do trabalho, afirmando que "É pelo trabalho que a mulher vem diminuindo a distância que a separava do homem, somente o trabalho poderá garantir-lhe uma independência concreta" (BEAUVOIR, 1987, p. 14).

Mas percebemos que, mesmo estando as mulheres com grande presença no mercado de trabalho, em todos os setores formais e informais, prevalecem as assimetrias entre os sexos e a clara distinção do que são o "trabalho feminino" e o "trabalho masculino". Além disso, a inserção no mercado de trabalho agregou uma sobrecarga de tarefas tanto intra quanto extradomicílio, não sendo novidade a disparidade dos salários entre um e outro gênero, apesar de atribuições iguais ou até mesmo maiores que a de profissionais homens, as mulheres trabalhadoras continuam com salários inferiores a eles.

A despeito da situação da condição feminina no mundo, o foco que aqui dialogo com você é sobre a realidade das mulheres brasileiras, a nossa realidade.

Olha que interessante, Maria, os dados oficiais sobre a população feminina no Brasil (IBGE, 2019) revelou que as mulheres constituíam a maior porcentagem em relação aos homens, ou seja, 51,8% de mulheres e 48,2% de homens. Contudo, ser a maioria numérica não pressupõe ter maiores oportunidades sociais. Pelo contrário.

Um breve panorama histórico da sociedade brasileira nos traz muitos elementos para essa compreensão. As conquistas femininas que muito lentamente se desabrocham podem ser vistas como avanços diante de todo um complexo sistema que conspira contra o evoluir. Considero complexo porque não se trata de um ou outro ponto a ser revisto, mas de uma somatória de conjuntos e de frentes de atuação que seria necessária para mudanças estruturais profundas nesse sentido.

Há de se considerar que do ponto de vista dos direitos civis (que por aqui já nasceram frágeis), no Brasil, apenas no ano de 1932 as mulheres tiveram o direito ao voto. Direito esse regulado pelo consentimento do marido, pois apenas as viúvas e solteiras com renda própria poderia votar "livremente", enquanto que as casadas precisavam da permissão de seus maridos. Aqui novamente temos um problema, cara Maria: ao pensarmos na condição de dependência da esposa na sociedade patriarcal daquele período aliada à forma como se dava o pleito eleitoral, em que o voto não era secreto, muito provavelmente isso levaria o voto da mulher a estar atrelado ao desejo do marido. Então podemos considerar que o voto feminino de fato representava a vontade da eleitora? Parece-me bem conveniente que o homem teria nessa situação duas oportunidades de votos, o dele próprio e o de sua esposa. Ainda hoje a participação feminina no cenário político continua sendo ínfima, mesmo com as ações afirmativas propostas nesse âmbito.

Contudo, em nosso país, você bem sabe, Maria, alguns avanços no campo jurídico legal precisam ser ressaltados, tais como: a Lei Maria da Penha, promulgada no ano de 2006, que traz à baila e criminaliza os graves abusos e violências domésticas direcionadas à mulher, apesar das várias divergências no seio da sociedade e no meio jurídico. Prevalece historicamente um ponto de referência cultural que tem como marco as desigualdades de poder entre gêneros: homem e mulher.

Esses avanços, ainda que pequenos, buscam a valorização e a proteção da mulher, dando-lhe maior visibilidade social. Termos atuais emergem para dizer e denunciar atos abusivos contra a mulher, como o feminicídio, que "significa a perseguição e morte intencional de pessoas do sexo feminino" (FEMINICÍDIO, [2022]). No Brasil, no ano de 2015, esse tipo de crime passou a ser classificado como hediondo. Este, na realidade, traduz a última instância do poder máximo que o homem tem (acha que tem) sobre a mulher, ou seja, a decisão entre viver ou morrer. A realidade cruel é estampada diariamente na mídia: o fato de a mulher não querer mais estar num relacionamento acarreta sua sentença de morte.

Apesar da criminalização de tais atos, as mortes de pessoas do gênero feminino no Brasil não diminuíram. Pelo contrário, tem havido considerável aumento e esse fato comprova que a violência contra as mulheres toca não apenas instâncias jurídica/legal, mas também vários outros aspectos. Nesse sentido, ser mulher é correr riscos diários de ser alvo de alguma forma de violência e, na maioria das vezes, aquilo que está no cerne não é tratado de fato e é por isso que sempre se torna oportuno refletir sobre o que é ser mulher e sobre a violência que a cerca, pois ainda há muito o que se fazer para mudar essa triste e indigna condição feminina que envolve o cotidiano de milhares de mulheres em nossa sociedade.

Não obstante essa forma de abuso ser presença constante na sociedade brasileira, apenas no ano de 2011, com a publicação da Portaria n. 104, de 25 de janeiro de 2011 (BRASIL, 2011), passou os serviços de saúde tanto públicos quanto privados a terem a obrigatoriedade da notificação dos casos de violências. Isso pode ser considerado como um avanço, pois esses dados configuram-se em preciosos instrumentos para as análises e para a implantação de políticas públicas direcionadas ao enfrentamento dessas questões. Os números estatísticos refletem claramente a realidade tanto de violências letais como as não letais, e mesmo com o gargalo da subnotificação e da omissão de notificar forma "menos" grave de violência, são indicadores que merecem atenção pela magnitude apresentada.

As pesquisas do IBGE, ano após ano, apontam o número de lares chefiados por mulheres cada vez maior, alcançando em 2019 a incrível marca de quase 10 milhões da presença feminina nessa situação (MULHERES CHEFES..., 2021). Lares em que a figura feminina desponta como a única ou a principal mantenedora de sua família. Esse é um paradoxo importante a ser pensado, pois as condições de empregabilidade que se apresentam para essa mulher trabalhadora nem sempre são as mais favoráveis, em que a pouca qualificação profissional a leva muitas vezes à informalidade. Outro desafio enfrentado pela mulher trabalhadora refere-se ao assédio a que ela é por vezes exposta no local de trabalho. As famosas "cantadas" ou "piadas" são ainda, infelizmente, praticas aceitas e até interpretadas como inofensivas nas instituições.

Nesse sentido, minha amiga, ainda há muitos diálogos para se fazer acerca das políticas de geração de emprego e renda direcionados à mulher.

Por outro lado, no âmbito das políticas públicas de saúde, já amadurecemos um pouco, cito avanços significativos, direcionados a esse contingente populacional. No ano de 1984, o Ministério da Saúde lançou o Programa de Assistência Integral à Saúde das Mulheres, tornando possível, por exemplo, a concepção do parto humanizado, a garantia dos direitos sexuais e reprodutivos, entre outros. Nesse campo, podemos observar novas formas de denúncias vindo à tona, como a violência obstétrica, que tem sido um assunto que chama a atenção de profissionais e pesquisadores. Já no que se refere à política de igualdade de gênero, que objetiva o enfrentamento das desigualdades historicamente impostas à mulher, é ainda o início de um longo caminho a trilhar, um desafio colocado à sociedade brasileira. Vale a pena refletir sobre essas questões.

Um grande abraço!

CAPÍTULO 3
O EMPODERAMENTO

Belo Horizonte, 5 de janeiro de 2020

Prezada,

Desejo que esta carta a encontre bem!

Então, Maria, eu continuo por aqui pensando em nossa última conversa. E desculpe-me se estou sendo um pouco insistente nesse assunto, mas acredito que seja de seu interesse tanto quanto é do meu debater sobre esse tema.

Tantas palavras e termos de difícil compreensão para dizer sobre mulher/violência que às vezes até perdemos o fio da meada. Pode parecer tão óbvio: violência é violência e ponto, portanto deve ser combatida. O problema, minha amiga, é que ela (a violência) é um fenômeno que envolve várias nuances. Aí fica difícil de tratar somente um lado da moeda, não é mesmo? Tratar apenas uma ponta solta não resolve. Pelo contrário, pode dar até uma falsa sensação de que não há mais nada a se fazer.

Você já ouviu falar sobre essa palavra "empoderamento"? Tenho observado que ultimamente este é um termo que tem sido muito utilizado nas discussões acerca do tema mulheres. Essa palavra sempre me causou muita hesitação em sua utilização, pois é complexo tentar colocá-la dentro de uma caixinha, afinal o que e ser empoderada, você sabe, Maria? Quem é empoderada? A mulher que grita? A que se revela? Também não é a mãe solo da periferia que corre atrás do sustento de seus filhos? Não é empoderada a mulher catadora de reciclável? A dona de casa que é chefe da família? Bom e por aí vai... O termo é carregado de ambiguidades e relatividades.

E torna-se ainda mais complexo quando o aplicamos em um contexto de violência.

De acordo com o educador Paulo Freire, em seu livro *Pedagogia do oprimido*, publicado no ano de 1974, o termo traduz a possibilidade do indivíduo por si mesmo em operar as condições para o seu fortalecimento (FREIRE, 1974). Pelo trabalho com promoção da saúde, percebe-se que em alguns casos o sujeito, por si só, não tem recursos para superar os traumas, tamanha a fragilidade apresentada. Observa-se, ainda, que, se não houver um trabalho na singularidade, ou seja, no universo interior de percepções particulares do caso a caso, pouco adiantará todo aparato legal disponível. A violência só pode ser minimamente tratada se for enfrentada nas variadas esferas do mundo da vida.

O nosso dia a dia é perpassado por sutis violências. Visitando uma exposição de arte italiana, diga-se de passagem belíssima e muito realista, uma obra em especial chamou a minha atenção: "a grande poltrona UP5, conectada ao pufe UP6", que nada mais é do que uma poltrona em formato de corpo de mulher com um pufe preso em seus pés que lembra a antiga algema de pés em formato de bola de ferro. Não pude deixar de observar bem os contornos da obra, que são sugestivos de uma anatomia feminina.

Figura 1 - Poltrona UP/5 e pufe UP/6
Fonte: arquivo pessoal, 2019

Essa obra de arte aparentemente simples me chocou pelo apelo à realidade ao remeter-nos às restrições impostas à mulher no seu dia a dia. Não posso imaginar o que se passava na mente do artista ao desenvolver a obra, mas a leitura me pareceu clara. Coincidentemente eu estava naquele dia acompanhando um grupo de mulheres cujas histórias de vida estão repletas dessas violações. Tudo isso me fez repensar sobre o tema "empoderamento feminino".

Com a certeza de que essas pessoas estariam em situação adversa em suas vidas, encontrando-se fragilizadas, convoco você, minha amiga, a pensar sobre como a violência pode impedir o empoderamento das mulheres, levando até mesmo, conforme Cardoso (2006, p. 3), a um "desponderamento", que seria a via de sentido inverso.

Aí eu te pergunto, Maria: diante desse contexto, é possível dizer que de fato existe o empoderamento feminino no Brasil?

Bem, o que eu posso dizer sobre isso é que temos algumas iniciativas importantes e algumas personalidades femininas bem representativas na sociedade, como: Nísia Floresta, Francisca Senhorinha, Josefina de Azevedo, Alzira Soriano, Berta Lutz. Mulheres tão inspiradoras! Porém pouco é falado ou conhecido sobre o legado dessas desbravadoras na luta dos direitos femininos no Brasil. A historicidade feminina é praticamente sufocada enquanto acontecimento socialmente importante. Ocupando o cargo de presidente da República, a história dá conta, até o momento, de que tivemos uma única mulher como autoridade máxima do país, a Dilma Rousseff, lembra? Mas logo o sistema deu um jeito de apagá-la de forma inescrupulosa. E isso não seria também uma violência? O que você acha?

Inegavelmente as leis que citei, em carta anterior, contribuem para o fortalecimento e o resgate da cidadania das mulheres, mas, Maria, vale lembrar que a lei por si só não se faz valer, ela precisa de um agente para se efetivar. Infelizmente, as formas sutis de violência muitas vezes passam despercebidas no cotidiano, que é o lugar propício para o surgimento e a manutenção das violações.

Abraços fraternos!

CAPÍTULO 4

QUAL SERIA, ENTÃO, A DIMENSÃO DA VIOLÊNCIA CONTRA A MULHER?

Belo Horizonte, 5 de março de 2022

Olá Maria, como está?

Já faz algum tempo desde nossa última conversa, desculpe-me pela ausência em te escrever. Tantos fatos e acontecimentos importantes nos sobrevieram! Como você bem sabe, a pandemia do novo coronavírus apresentou-se como um implacável adversário! E sobre a violência contra as mulheres no Brasil, percebo que as coisas só pioram. Talvez você deve estar aí se fazendo a pergunta de como está essa situação no Brasil, não é mesmo, Maria? A violência contra nós, mulheres, é tão recorrente no nosso dia a dia que nem é preciso recorrer a estatísticas mirabolantes para se perceber o tamanho do rombo. Basta ver os noticiários ou até mesmo sair às ruas. A pandemia de fato nos atingiu em cheio! A conjuntura atual, se comparada ao ano de 2019, vem se agravando; aqui não podemos deixar de considerar o fenômeno social da crise sanitária ocasionada pelo novo coronavírus como um elemento a mais nesse cenário, conforme veremos mais à frente, abriu-se uma cratera nas assimetrias entre os gêneros. De acordo com o *ranking* global de igualdade de gênero divulgado em março de 2021 pelo Fórum Econômico Mundial (WEF, 2021), o Brasil ocupa o 93º lugar entre 156 nações com os piores índices relativos a essa questão.

Em janeiro deste ano, tivemos no local de trabalho a notícia de que Mariana havia sido cruelmente assassinada pelo companheiro. Tomar conhecimento dos detalhes desse crime foi como um soco no estômago. Quem era Mariana? Para nós, trabalhadores do serviço de saúde daquela localidade, ela não era apenas um número a mais nas estatísticas, tinha rosto e nome. Conhecíamos bem Mariana. Poderia ser classificada como uma usuária hiperutilizadora do serviço de saúde. No entanto, analisando as muitas idas e vindas de Mariana ao serviço, pôde-se constatar que a demanda nunca havia sido por questões relacionadas a ela, e sim às duas filhas do casal. Conhecíamos também o companheiro de Mariana, e igualmente para nós, tinha rosto e nome. Se mostrava sempre cortês com os funcionários. Após o fatídico acontecimento envolvendo essa família, ouvimos vários rumores da violência doméstica velada sofrida por Mariana. É incrível como a morte nos liberta para a verdade escondida por detrás dos muros das casas! Verdade que, em muitos casos, infelizmente, chega tarde demais.

Esse não havia sido o primeiro caso de violência contra a mulher que já havíamos atendido na vivência profissional naquela comunidade, mas o caso de Mariana, ocorrido assim praticamente do nosso lado, choca, pois chega num momento de extrema fragilidade generalizada provocada pela pandemia do novo coronavírus. Todos os esforços de intervenções no sentido de conter ou dirimir a situação das violências, tanto governamental, como de ONGs, de projetos particulares instalados naquela comunidade, pareciam não estar sendo eficaz em seus objetivos. Por esse caso podemos refletir que as análises e intervenções não se esgotam em um único ponto, mas a conjuntura, todas as nuances que se apresentam e atuam na realidade dessas mulheres devem ser consideradas. Ao contexto marcadamente frágil já apresentado na sociedade foram agregados outros elementos, como a pandemia e seus imperativos sanitários.

Não podemos considerar que esse momento de pandemia pode ter sido o gatilho imediato que impulsionou essa situação, mas é possível de forma relacional estabelecer que a pandemia do novo coronavírus se instalou num contexto muito vulnerável, de um lar que já era como um ambiente agressor para a mulher. Veja bem: Mariana + esposo + isolamento se tornou uma bomba relógio prestes a explodir.

A violência contra a mulher constitui um grave problema de saúde pública em todos os países que frequentemente vem à baila no cenário mundial. De acordo com dados da Organização Mundial de Saúde, apenas no ano de 2015, ocorreram 4,8 assassinatos a cada 100 mil mulheres (OMS, 2016). Imagina só, Maria, a proporção dessa situação!

No Brasil, segundo dados estatísticos do IBGE (2010), ainda persiste a dura realidade de prevalência de óbitos de mulheres registrados em decorrência de mortes violentas. Esse cenário provoca uma reflexão sobre o redimensionamento do trabalho com mulheres vítimas de violência doméstica. De fato, e conforme argumenta Reichenheim *et al.* (2011, p. 78):

> [...] As estatísticas de mortalidade sugerem que uma mulher é morta a cada duas horas no Brasil, o que coloca o país na 12ª Posição na classificação mundial de homicídio de mulheres. Os dados de morbidade reforçam esse quadro estarrecedor.

As estatísticas apresentadas no relatório Atlas da Violência publicado anualmente pelo Instituto de Pesquisa Econômica Aplicada e pelo Fórum Brasileiro de Segurança Pública (FBSP), desde o ano de 1999 revelam que ainda persiste, infelizmente, uma alta incidência de mortes violentas de mulheres (IPEA, 2021). Mariana entrou para essa triste estatística.

A violência contra a mulher é tipificada em termos legais das seguintes maneiras: física, psicológica, moral, sexual e patrimonial. Dita dessa forma parece assim muito simples de se entender. Mas, lamentavelmente, na prática esse entendimento não é tão claro. Muitos profissionais não estão preparados para lidar ou sequer identificá-las. Entendo essas definições de cunho pedagógico, pois normalmente existe a ocorrência de mais de uma forma de violação presente nos casos.

A violência física muitas vezes deixa marcas visíveis no corpo, cicatrizes que carregarão por toda sua existência, você sabe, Maria, aquela história de que "um tapinha não dói" é pura falácia! Ainda mais quando a gente entende que todas as formas de violência são precedidas e perpassam pela violência psicológica e, de fato, ao que me parece, essa se constitui como verdadeiro grilhão para quem foi alvo desse tipo de abuso. Não me entenda mal, viu, Maria, pois não estou afirmando que esse é um fato que ocorre somente com o ser mulher, pois conheci vários homens e crianças também acometidos por esse mal, mas especificamente em nosso diálogo abordaremos a violência psicológica sofrida pela mulher.

De acordo com a nova Lei Maria da Penha, no artigo 7º, esse tipo de violência é entendido como:

> [...] qualquer conduta que lhe cause dano emocional e diminuição da autoestima ou que lhe prejudique e perturbe o pleno desenvolvimento ou que vise degradar ou controlar suas ações, comportamentos, crenças e decisões, mediante ameaça, constrangimento, humilhação, manipulação, isolamento, vigilância constante, perseguição contumaz, insulto, chantagem, violação de sua intimidade, ridicularização, exploração e limitação do direito de ir e vir ou qualquer outro meio que lhe cause prejuízo à saúde psicológica e à autodeterminação (BRASIL, 2020).

Essa definição legal da violência psicológica é ampla e abrange aspectos multifocais do universo feminino, sendo a forma mais sutil, porém a mais devastadora. Se pensarmos que é a forma mais comum de violência, existe um contraponto ao sabermos que é ao mesmo tempo a mais difícil de se provar do ponto de vista judicial, o que ocorre são condenações pelas outras formas de violências, não obstante o conhecimento da existência de abusos emocionais presentes no caso. Dessa forma, Maria, me parece extremamente conveniente pensar um pouco sobre a violência subjetiva presente no fenômeno. O que é violência subjetiva? Para o filósofo esloveno Slavoj Zizek (2009, p. 9), esta é "diretamente visível, exercida por um agente claramente identificável". Ele entende ser necessário olhar para todas as nuances da violência, não apenas para o ato em si, a agressividade.

A situação torna-se mais complexa devido às subnotificações, pois um dificultador com presença constante em muitos casos é a ocorrência da resistência da mulher em denunciar as agressões e acionar os órgãos de proteção. Isso pode ocorrer por vários motivos. Nessa situação é importante refletir sobre como a subjetivação das mulheres em situação de violência doméstica interfere na decisão destas em não acionar os mecanismos legais de proteção existentes nos dispositivos públicos e previstos pela Lei Maria da Penha. Outra questão refere-se à banalização ou à falta de entendimento do que vem a ser violência. Fomos levados a acreditar que a violência é apenas aquela manifestação de maior poder ostensivo, de letalidade, e as formas consideradas, classificadas em nosso subconsciente como "menos grave", deixamos passar, aprendemos a "deixar para lá" ou "entregar na mão de Deus", como diria minha avó.

Sabemos que estar envolvida nessa condição por si só coloca a vida dessas mulheres em risco. Do ponto de vista social, essa realidade constitui um fenômeno de dimensões multifacetadas, pois uma ameaça de morte, declarada ou velada, afeta todo o sistema social, desde a família das vítimas ao Estado enquanto órgão responsável por garantir seus direitos, proporcionando-lhes bem-estar e proteção.

Contudo, em situações de extrema fragilidade, como é o caso das mulheres que estão diante de uma violência, essa transformação não pode ser buscada ou requerida apenas por ela, é preciso uma saída para além do apoio familiar, uma articulação de rede assistencial de apoio que a auxilie na construção dessa saída.

Especialistas na área de psicologia são unânimes em afirmar que esse tipo de abuso causa danos emocionais que vão desde quadros de depressão, ansiedade, autoagressão até ao favorecimento do aflorar de outras doenças físicas e psicossomáticas.

Sobre o termo subjetivação, Torezan *et al.* (2011, p. 5) observa que, "a subjetividade, para a psicanálise, é definida como dividida em duas ordens de funcionamento, relativas ao consciente e ao inconsciente, e essencialmente constituída pela sintaxe inconsciente".

Para a psicanálise, a partir da escuta podemos identificar o sujeito. A concepção de sujeito freudiana revela o inconsciente e o sujeito do desejo. Por isso, podemos dizer, segundo Lacan (2003), que a cura é uma demanda que faz parte da voz do sofredor, o sujeito que sofre pelo seu próprio corpo ou por seu pensamento. A psicanálise trabalha com a escuta desse sujeito que não se inscreve na lógica cronológica. Dessa forma não podemos tentar entender o fenômeno da violência apenas pelo referencial jurídico/legal.

Para Habermas (1989), as normativas legais têm caráter dúbio, pois ao mesmo tempo que precisam garantir a autonomia individual, devem também assegurar a autonomia pública de todos os cidadãos, já que perante a lei está posta a igualdade entre as pessoas, estabelecendo-a caso a caso por meio "de práticas comunicativas intersubjetivas". Nas palavras dele mesmo, observa que:

> A integração social, que se realiza através de normas, valores e entendimento, só passa a ser inteiramente tarefa dos que agem comunicativamente na medida em que normas e valores forem diluídos comunicativamente e expostos ao jogo livre de argumentos mobilizadores, e na medida em que levarmos em conta a diferença *categorial* entre aceitabilidade e simples aceitação. (HABERMAS, 2003, p. 58).

Então, como podemos ver, temos dois aspectos importantes atuando de forma sistêmica sobre o fenômeno: o lado subjetivo e o objetivo. Logo, entendendo que essas mulheres estão em situação adversas em suas vidas, evidenciamos um impasse entre o ponto de vista legal e o processo de produção de subjetivação quando essas mulheres, mesmo estando em situação de violência doméstica e, não raro, correndo o risco de morte, para além do risco presente no modo de vida que levam, "optam" por permanecer nos locais de risco. O emprego do verbo "optar" nessa situação possivelmente não é o mais apropriado, pois ele subtende um teor de liberdade, de exercício do livre-arbítrio, que dificilmente estão presentes nesses casos, uma vez que essas relações interpessoais são atravessadas por um potente ingrediente, que é o medo.

 E quantas vezes você, minha amiga, não sentiu medo simplesmente por ser Maria? O medo age no organismo humano de várias maneiras, tendo inclusive a função de preservação da espécie, de acordo com estudiosos. Ele pode ser considerado como um entorpecente diante dessa situação, fazendo a mulher experimentar vários sentimentos sobrepostos: a insegurança, o desânimo, o sofrimento, o limite. Dessa forma, a escuta da subjetividade se faz necessária no caso a caso. Naves (2014, p. 1) vai nos dizer que:

> A problemática vivida por essas mulheres indica a presença de forças pulsionais que apontam para um gozo indizível, sendo que a violência representa não um sintoma interpretável, retorno do recalcado que merece ser decifrado, mas algo que resiste e insiste em não ser captado pelas malhas da linguagem.

 Essa mesma autora observa ainda que é fundamental entender como se deu a construção subjetiva dessas mulheres e das suas fragilidades enquanto sujeitos sociais (NAVES, 2014).

 O julgamento social nesses casos é um ingrediente poderoso que acrescenta ainda mais sofrimento à mulher vítima das violências. Na maioria das vezes é mais fácil julgar a mulher que vive nessa situação do que ofertar algum tipo de ajuda. Você muito provavelmente já ouviu estas frases correndo soltas por aí, frases que só reforçam a vitimização da mulher:

"Gosta de apanhar!"

"Como não faz nada!"

"Se apanhou uma vez e não fez nada vai sempre apanhar..."

"O homem pode não saber porque está batendo na mulher, mas ela com certeza sabe porque está apanhando!"

"Mulher feia tem que ser traída."

São tantas certezas socialmente aceitáveis que acabam por naturalizar as situações de violência contra a mulher. O jogo de sedução e poder presentes numa relação emocionalmente abusiva é sutilmente perverso.

Entretanto a relação de poder implicada nesses contextos é extremamente potencializadora de fragilidades.

Essa relação de poder é incompreensível para quem está de fora da relação. O jogo dominador *vs.* dominado é paralisante e produtor de medos. O peso emocional é uma marca indelével na vida do dominado. A sobreposição dessas marcas, uma marca em cima de outra marca, é fato frequentemente observado nos casos.

Se atentarmos para biografias de muitas mulheres de séculos passados, vemos que esse tipo de abuso já fazia parte da vida cotidiana de muitas delas. Algumas simplesmente eram consideradas como loucas. Hoje, à luz de vários historiadores, é possível considerar que muitas dessas mulheres não sofriam de nenhum distúrbio mental.

Mulheres que a partir de um referencial moral foram diagnósticas como loucas por não se encaixarem em padrões ou perfis predeterminados para elas na sociedade. Estigma que, uma vez dado, as perseguiu pelo resto de suas vidas.

Que interessantes as anotações nos prontuários dos antigos sanatórios brasileiros. Quanta tortura presente nesses documentos. Verdadeiros atestados das variadas formas de violência contra o ser humano e, em especial, contra mulheres. Pais que internavam suas filhas por que não aceitavam se casar com determinado pretendente, as "mulheres de vida fácil", as mulheres que descumpriam os "deveres" do casamento também eram consideradas loucas e enclausuradas, as que prefeririam estudar a ter filhos, ah!, estas eram as piores aos olhos da sociedade, que só compreendia o papel da mulher atrelado ao da maternidade. Para a pesquisadora Swain (2013, p. 227):

> Mulheres foram internadas nos asilos psiquiátricos, por exemplo, no século XVII no Hospital Pitié-Salpêtrière de Paris por problemas de comportamento, acusações de prostituição; da mesma forma no Brasil, no início do século XX, no Hospital psiquiátrico Juquery, em são Paulo, mulheres foram internadas, pois não se portavam conforme a imagem de uma "verdadeira" mulher.

O papel de "verdadeira mulher" é constantemente checado pelo crivo socio/moral/cultural. Várias soberanas ficaram conhecidas historicamente com adjetivos depreciativos agregados a seus nomes, como os casos das rainhas Maria Isabel de Bragança, a "rainha feia", e Maria I de Portugal, a "rainha louca".

Podemos considerar fatos históricos como estes como um tipo de abuso e violência psicológica também, só que dificilmente vemos uma análise a partir desse ponto de vista.

A figura da "solteirona" tornou-se folclórica entre nós, você lembra, Maria? Toda família tinha uma pessoa nessa condição. O termo, utilizado pela primeira vez em 1979, assolou as mulheres que não se casaram até determinada faixa etária; no imaginário coletivo era por esse motivo que uma pessoa nutria características pejorativas como amargura, frustação, depressão, inveja entre outras. Poucos pararam para ouvi-las.

Já imaginou quanta violência psicológica há impressa nessas circunstâncias?

Outro ponto bem característico e sutil de violência é exercida pela mídia. Pelo grande alcance que possui, tem o poder de naturalizar muitos comportamentos abusivos. A manutenção, o jogo de sedução, o apelo visual colorido e muitas vezes em tom jocoso, como as piadinhas de cunho sexista associando mulher loira como pouco culta, ou ainda a fala extremamente machista de que "mulher feia tem que ser traída", atuam como gatilho no subconsciente demarcando os papéis dos gêneros bem definidos na sociedade.

Maria, observe atentamente estas charges retiradas da internet:

Figura 2 - Violência verbal
Fonte: MOZAFFARI, F (2018)

Figura 3 - Reflexos
Fonte: SUPRANI, R. (2018)

Figura 4 - Mulher profissional
Fonte: VADOT, N. (2018)

Amo arte, você sabe! É um dos subterfúgios pelo qual o ser humano consegue extravasar o seu eu. Entretanto, tudo na vida deve ser passado pelo filtro das representações. Digo isso porque as manifestações artísticas com forte teor de desvalorização contra o gênero feminino são disseminadas livremente no cotidiano, as letras de músicas que claramente depreciam as mulheres podem ser ouvidas e cantadas tanto por homens quanto por mulheres nas paradas de sucesso.

A violência contra as mulheres via mídias é inculcada no imaginário coletivo de forma sutil. Todavia é observado um padrão utilizado por meio das seguintes estratégias-justificativas:

1 - Ideário do ciúme

O famoso crime passional. Permanece em nossa sociedade um quê de romantização nos casos de violências de homens contra mulheres:

"Fez isso por amor"

"Ele ama fulana demais!"

"Não conseguia viver sem ela".

São discursos facilmente aceitáveis em nosso convívio social. O movimento "quem ama não mata", lançado no ano de 1980, foi uma forma de protesto com objetivo de trazer visibilidade a esses casos extremos, envolvendo a morte de mulheres. Porém com o passar do tempo reações como essas perderam a força na sociedade.

2- Descontrole masculino (esse fato minimiza o problema)

No imaginário coletivo, é a mulher que deve "se comportar" para evitar que haja esse descontrole masculino.

3 - Culpabilidade da vítima

A lógica nessas situações é bem simplória: em casos de violência, a culpa é da mulher, que extrapolou o comportamento esperado para esse gênero, justificativa muito comum em casos de abuso sexual. Os discursos prontos são repetidos tanto por homens como por mulheres:

"Fica usando estas roupas curtas, esperava o quê?"

"Fulana não se dá ao respeito."

O caso Leila Diniz, mulher assassinada pelo companheiro, na cidade de Búzios, no ano de 1976, é um exemplo clássico dessa situação. O assassino saiu desse crime literalmente "livre, leve e solto". A vítima, pelo contrário, como se não bastasse ter sua vida ceifada, ainda teve sua moral duramente condenada. Recentemente tivemos a polêmica absolvição de um caso de estupro com o argumento de que o crime foi um "estrupo culposo", ou seja, não ouve a intenção do homem em abusar da vítima. O julgamento desse caso foi um verdadeiro show de horrores, no qual vimos a vítima chorando e o advogado do acusado literalmente arrasando a pobre mulher. Essa tese, até então inédita no Brasil, prova que estamos muito aquém do mínimo necessário para romper com as ações de violência contra as mulheres.

A era da tecnologia e do mundo virtual expôs novas formas de violências, como a violação da intimidade da mulher. A exposição de fotos de nudes divulgados sem o consentimento e às vezes até sem o conhecimento da mulher é um bom exemplo dessa situação; fato que no mínimo caberia a classificação de violência psicóloga. Ainda ao pensar nas violações do corpo, sendo divulgadas em encontros virtuais combinados via redes sociais dos absurdos eventos denominados de "festas no IML", temos o entendimento de que as violências continuam sendo cometidas contra as mulheres até o pós-morte. Muito tristes essas situações, que nos mostram a magnitude do problema apresentado.

E você, cara Maria, consegue lembrar de alguma influência da mídia sobre esse assunto neste momento?

Como te falei no início de nossa conversa, considero que essa situação está muito mais agravada, até mesmo em decorrência do fenômeno da pandemia. A crise do novo coronavírus foi reconhecida como pandemia pela OMS no dia 11 de março do ano de 2020. As medidas protetivas para mitigar a propagação do vírus exigiram novas formas de se colocar no mundo. A situação gerada pela pandemia, por si só, já foi muito triste, devido a todo o sofrimento físico e emocional que causou nas pessoas. Agora, imagine, Maria, a situação de nós, mulheres, que já vivemos numa sociedade tão perpassada por violações contra o gênero feminino? Fato é que o cenário pandêmico veio exacerbar ainda mais as vulnerabilidades a que são submetidas as mulheres.

Relatórios da OPAS (2022) ressaltam os duros efeitos da pandemia do novo coronavírus para o gênero feminino, evidenciando ainda mais as desigualdades entre os gêneros nesse momento enfrentado pela humanidade. O lugar historicamente aferido de cuidadora foi claramente exacerbado, tanto de mulher trabalhadora na linha de frente quanto no domicílio, lugar que eram responsáveis por 80% das tarefas domésticas, de acordo com esse mesmo relatório.

O isolamento proposto como medida preventiva à contaminação do vírus, da forma como foi implementado, teve um papel carregado de ambiguidade, pois o lar, que era o lugar mais seguro para não se contrair a covid-19, era também um lugar inseguro para muitas mulheres que coabitavam com seus agressores. O fato de estar obrigatoriamente mais em casa e de passar a conviver maior tempo com o agressor é um fator que vulnerabiliza ainda mais o gênero feminino a nível mundial. Os números fornecidos pelas linhas diretas de denúncia são fortes indicadores dessa realidade. De acordo com dados desses serviços, os disque-denúncias receberam cerca de 37,5 mil denúncias nos meses de março a julho de 2020, em plena vigência do imperativo de isolamento. Dê uma olhada no quadro a seguir para ver as principais queixas registradas:

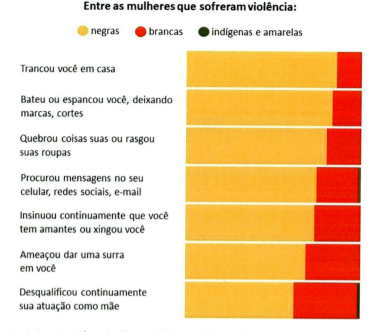

Quadro 1 - Tipos de violência doméstica sofrida por mulheres brasileiras durante a pandemia
Fonte: COMOLI, E.; CANTO, K. (2020)

    O interessante nesse quadro é que podemos perceber que, na denúncia via telefone, aparecem variadas formas de demonstração de violência, não apenas a física, que é mais frequentemente denunciada. Não sei de você, mas isso tudo me faz pensar que falar de violência de gênero não é só "papo" de mulher, mas é um debate que precisa ser introduzido nas rodas de conversas, entre homens e mulheres, nas escolas com nossas crianças, nas igrejas com os fiéis, enfim, é um debate que cabe em todas as vértices da sociedade. Para mim, essa é uma reflexão a ser feita e refeita todos os dias. O que você pensa sobre isso?

    Espero vê-la em breve, querida Maria!

parte 2

CAPÍTULO 5
TODAS SOMOS MARIAS

Durante muito tempo relutei em escrever sobre violências, mesmo convivendo com elas diariamente. Percebo hoje que a origem dessa resistência veio da dificuldade de lidar com minha própria história de vida. Minha trajetória se confunde com a de tantas outras mulheres, como num enlace de tranças que nos tornam unidas num nó. E essa trança ou esse enredo entrelaçado de várias pontas se junta aqui para refletirmos sobre como as formas de violações estão presentes no nosso dia a dia.

Abro um parêntese aqui para explicar a opção pelo uso do nome Maria, que se deve ao fato de ser um prenome com grande popularidade no Brasil. Considero que sou a primeira Maria que conheci.

Cresci num lar de uma família numerosa com valores arraigados no cristianismo. Erámos quatro mulheres crescendo com quatro irmãos. Os meninos saíram para trabalhar muito novos com o pai, e nós, meninas, ficamos cuidando das coisas de casa. Esse era o modelo de criação dos filhos plenamente aceitável na época.

Observava como minha mãe lidava com sua feminilidade. A entrega total a seu papel de mãe e de esposa era marcante em sua vida e estava acima de tudo.

Na idade adulta, já casada, passei longos anos da vida sofrendo e aceitando a violência no meu lar. A resignação do papel da mulher gritava dentro de mim como um imperativo que não admitia questionamentos.

O choro não permitido quando criança, nos momentos de surra, me fez aprender a sofrer calada.

"Não chora!"

"Para de chorar!"

"Engole o choro!"

Foram comandos difíceis de desaprender ou de serem ressignificados ao longo da vida.

A figura da profissional bem-sucedida não me isentava de me sentir uma fracassada dentro de casa pelas várias situações que me aguardavam. Como me solidarizava com as mulheres que atendia diariamente! Situações complexas. Uma cumplicidade não revelada, mas sentida tão profundamente.

Chegar em casa depois de um dia exaustivo de trabalho era um tormento para mim. Quantas vezes parei de frente ao portão e relutei a entrar para dentro do lugar que deveria ser um lugar de descanso e prazer, mas, pelo contrário, ali era o calvário. Literalmente um lugar, nas palavras de minha mãe, de "carregar a minha cruz". Essa alusão simbólica à figura da cruz, posso dizer hoje, era materializada por situações degradantes, por sentimento de vazio e pela sensação de ter que passar por tudo aquilo sozinha. E o peso da cruz tão pesado era inevitável de se sentir. Como foi traumático passar por tudo aquilo: quanta dor! Quanto desamparo! Quanta vergonha. Afinal, "era um traste imprestável".

Mesmo sob medida protetiva da Lei Maria da Penha, de afastamento, a violência psicológica me atormentava impiedosamente. Calúnias, ataques morais e exposição de minha intimidade para vizinhos e conhecidos eram ingredientes que fragilizavam minha saúde emocional, me tornando cada vez mais vulnerável diante de toda a conjuntura.

Não estava mais no lugar de abusos, mas a violência psicológica rompia barreiras de tempo e espaço e continuava a me fazer mal. Embrulhava meu estômago quando ouvia o nome da pessoa.

Sentia-me tecnicamente capacitada para fazer as intervenções para outras mulheres, mas, para mim, um mister de vergonha só aumentava pela ação paralisante e anestésica que vinha lá de dentro.

Confesso, foram tantos atendimentos, alguns marcantes demais para mim enquanto profissional. As reticências que aquelas usuárias traziam em suas falas completavam as minhas próprias. Pode parecer contraditório, mas eu precisava mais delas do que elas de mim! Com cada caso atendido, acompanhado e monitorado, eu fui me autoconhecendo, me permitindo ser curada e me fortalecendo com eles. Fato é que, se estivermos abertos e atentos, a experiência dos outros nos possibilita grandes aprendizados.

Os relatos que vêm a seguir são fragmentos de histórias de algumas dessas marias que tão gentilmente confiaram a mim o compartilhamento de seus infortúnios. A intenção de compartilhar essas narrativas reside no esforço de identificação de formas sutis de violências presentes na vida das mulheres, não sendo objetivo relatar as intervenções e os desdobramentos dos casos. De forma didática, convido você, a cada relato, a reconhecer as formas de violações apresentadas.

Maria da Glória
Mulher, 49 anos de idade, estado civil: numa união estável de longos anos

"Tudo começou muito bem. O início do namoro foi maravilhoso. Ele me levava para a sorveteria e lá ficamos conversando até tarde. Vinha me namorar três vezes na semana e sempre chegava com uma margarida na mão. Eu adorava aquela forma de ele me tratar, me sentia uma rainha! Um dia, ele ficou bravo porque cumprimentei um conhecido lá da rua. Eu nunca tinha visto ele assim, puxou meu cabelo e disse que não queria, era para eu não conversar mais com aquele moço. Fiquei sem entender a reação dele, porque foi um cumprimento tão sem importância, mas eu decidi obedecer à vontade dele. Não custava nada. Depois desse dia fiquei com medo de conversar com outros homens quando ele estava por perto e foi assim até o casamento. Queria evitar outra raiva daquela! Puxou forte meu cabelo! O casamento foi passando e vieram as crianças, ele já não estava tão presente em casa. Já cheguei a ir sozinha ganhar nenê... sentia que havia algo que não estava se encaixando."

O relacionamento de Maria da Glória desde o início se mostrou nocivo para seu emocional. Conforme ela relata, só foi piorando com o passar dos anos. Mendigar o amor e a atenção de seu companheiro eram atitudes diárias.

"O que estou fazendo de errado?"

Sentimentos que não tinha coragem de expressar publicamente, pois tinha medo de que as pessoas soubessem de seu fracasso como esposa.

Ouvia boatos de seus vizinhos de que seu marido se relacionava intimamente com outras pessoas, mas repetia para si mesma o mantra: "são só boatos". Afirmava com certa convicção: "Ele é um bom marido. Não deixa faltar nada em casa..."

E permanecia nessa relação tentando encontrar e compreender o que estava fazendo de errado. Sem perceber que o principal ele deixava faltar: o amor, o respeito à sua condição de mulher e o afeto não correspondido. Como me solidarizava com ela!

Maria da Ajuda
Mulher, 55 anos de idade

Quase todos os dias aparecia no serviço de saúde próximo à sua residência, queixando-se de uma dor na perna, invisível aos profissionais de saúde. Já havia realizado todo tipo de exame para investigação da causa da dor. Essa situação prejudicava o relacionamento da paciente com os profissionais, que por vezes sem dizer revelavam pelo olhar o sentimento de certa aversão por atender aquela paciente poliqueixosa.

Um dia, Maria da Ajuda gritou, extravasou, quebrou os computadores do local, machucou a mão. Chamaram a polícia.

Era preciso conter a Maria da Ajuda! Tinha surtado!

Em um acompanhamento mais próximo e acolhedor, com Maria da Ajuda mais tranquila, tivemos a oportunidade de ouvi-la para além da queixa direcionada para a dor no joelho, que ela sempre relatava. Em vários atendimento ela apenas chorava, chorava e saía para voltar na semana seguinte. Num desses encontros, ela não apenas chorou, mas falou de sua vida, de suas mazelas. Falou sobre a infância, da falta de diálogo em casa, do abuso sofrido por anos pelo pai e sobre a gravidez indesejada aos 12 anos de idade. Falou da dor do parto e da dor da perda do bebê em seguida.

A dor maior para ela nem era a violência sexual em si, mas o fato de que sua mãe ficou contra ela e a favor de seu pai, fazendo acusações de que ela, no auge de seus 12 anos, havia "seduzido o próprio pai", era a culpava pela situação.

O questionamento que ela inconscientemente trazia à tona por meio de dores invisíveis e da agressividade com as pessoas era por que sua mãe, também sendo uma mulher, não conseguia se colocar em seu lugar?

Maria da Ajuda sofria calada. A dor da agressão física havia passado, mas o peso psicológico a adoecia e a atormentava dia após dia.

O silêncio muitas vezes grita. Um pedido por socorro solitário. Uma voz que não sai da garganta, mas que mesmo assim fala por meio de adoecimento do corpo e da alma.

Existe uma concordância no imaginário coletivo de que mulher fala muito, mas o não dito acaba trazendo doenças.

Afirmamos a partir daqui que o problema não é quando a mulher fala e sim quando ela se cala. Então podemos entender que o falar faz parte do processo de cura e é agente poderoso.

Nesse sentido, podemos dizer, segundo Lacan (2003), que a cura é uma demanda que faz parte da voz do sofredor, o sujeito que sofre pelo seu próprio corpo ou por seu pensamento. A psicanálise trabalha com a escuta desse sujeito que não se inscreve na lógica cronológica. Como nos diz Freud (1980), os processos inconscientes não são ordenados temporalmente, não se alteram com a passagem do tempo cronológico, ou seja, pode passar anos, mas as feridas não se cicatrizam. Fato que contraria o dito popular de que o "tempo cura tudo".

Maria Ana
Mulher, 60 anos de idade

Maria Ana sempre estava presente nas atividades e consultas na unidade de saúde de seu bairro. Os profissionais elogiavam a sua disciplina e o seu engajamento no tratamento de saúde.

Porém, apesar de seguir fielmente todas as recomendações que lhe eram passadas, estava cada vez mais adoecida. O seu sorriso estava ali presente e os médicos não entendiam o que acontecia com Maria Ana.

Em um momento de descuido deixou revelar um segredo familiar que há muitos anos a deixava triste: seu marido constantemente a humilhava, desfazendo de sua performance sexual, e debochava de seu corpo acima do peso, dizendo e repetindo coisas do tipo: "boa mesmo são as mulheres das novelas... você é uma velha!".

Assim, por mais que se esforçasse, Maria Ana não conseguia ser como as mulheres da novela. Muito pelo contrário, nos últimos anos vinha ganhando cada vez mais peso.

Porque a Maria Ana tem que se parecer com uma artista? Por que ela não pode simplesmente ser a Maria Ana?

Um observador desavisado e fora da relação pode considerar perguntas fáceis de serem respondidas, mas não para a Maria Ana.

Maria Justina
Mulher, 59 anos de idade

Na mesma unidade de saúde temos a história de mais uma Maria, uma mulher que, no auge de seus 59 anos, tinha fisionomia apática e recebia as recomendações quanto aos cuidados de seu marido, que agora estava acamado e dependente dela. Aparentemente muitos acreditavam que Maria Justina tinha um déficit cognitivo, todos os olhares estavam voltados para o pobre homem acamado e cheio de sequelas, mas pouco a pouco, enquanto cuidávamos de seu marido, Maria Justina foi nos revelando um histórico de 30 anos de forte violência psicológica, palavras que a vida inteira ecoavam e magoavam essa mulher: "meu marido era um 'mulherengo' e só agora no período da internação foi que descobri que ele era soropositivo".

Lágrimas vieram ao rosto quando confessou: "fui muito machucada por ele, e agora isso, continuou me machucando até o fim".

Os três filhos adultos do casal diziam que, independentemente de qualquer coisa, era papel da mãe cuidar de seu esposo, mas ela confessou: "Não aguento nem olhar para cara dele mais, mesmo assim faço o que posso".

Somente após o reconhecimento de que estava há anos sendo vítima de violência psicológica que Maria Justina pode assentir com seu próprio tratamento.

Maria Clara
Mulher, 19 anos de idade

O semblante carregado de tristeza dava-lhe um ar de mais idade. Visivelmente abatida, emagrecida. Era nítido o desinteresse por estar naquele lugar. Pouco verbalizava, mas as marcas de cicatrizes em seu braço denunciavam um longo histórico de automutilação. Observei que na coxa direita havia um corte recente, bem mais profundo, que deixava à mostra o tecido adiposo.

"Só vim porque minha prima me trouxe". Dito isso se calou por algum tempo. Mas o silêncio falava, como gritava.

"Minha prima pode entrar?"

A prima entrou e relatou que Maria Clara estava chateada com o pai havia muitos anos. Naquele dia tinha praticamente fugido de casa, o que a levaria a acolhê-la em sua residência por um tempo.

"Meu pai sempre foi assim, bravo, gosta de ter o controle de tudo. Grita comigo, me chama de imprestável. Que não devia ter nascido, não aceita que eu goste de outras mulheres, quer me ver namorando homens, sei lá, não rola". Lágrimas afloravam sem querer.

"Me obrigada a usar saia, eu não gosto não. E ultimamente me proibiu de ir à escola, porque fala que vou sair para encontrar com mulheres."

A fala de Maria Clara era entrecortada por lágrimas. Ao ouvi-la não pude deixar de pensar em como uma pessoa, sendo submetida a uma situação de extrema violência, se torna tão vulnerável clínica, emocional e socialmente, se transportando a um lugar de risco. As mutilações continuaram cada vez mais profundas na alma e no corpo de Maria Clara. Sua narrativa, embora escassa, trouxe à tona muitos elementos que possibilitam a identificação de como a violência pode tornar a vida de alguém insuportável. Nesse caso, infelizmente, o pedido declarado e o aceite de ajuda vieram tarde demais.

Maria Rita
Mulher, 38 anos, grávida do terceiro filho

Entrou na sala e logo disse que desejava saber sobre direitos trabalhistas e também sobre "umas questões" que estavam ocorrendo com o ex-namorado.

Sobre as questões trabalhistas pouco conversamos, pois ela despejou uma enxurrada dos fatos que ocorriam com o ex.

"Fora as outras coisas que ele já me fez, perseguição, surra; fica me difamando, ele fala com todo mundo que eu queria transar com ele e três homens ao mesmo tempo. Terminei com ele há um ano e sete meses, mas ele não me deixa em paz. Fala que traí ele. Mas é mentira, arrumei este neném aqui depois que terminei com ele."

"Já fiz BO, denúncia na delegacia, e tenho medida protetiva. Nada disso adiantou, ele falou que tem conhecido dentro da polícia e que nada vai acontecer com ele. Ele vai lá no meu trabalho, faz a agressão contra mim e quando a polícia chega ele já foi embora. O que aconteceu da última vez foi que ele mandou vários áudios dizendo que ia abrir a minha barriga e matar o meu filho. Infelizmente tá parecendo que eu tô querendo chamar a atenção. Como os policiais são homens eles entendem como eles quiserem, eles não olham dessa forma para mim, como vítima. Eu acho que a polícia é muito machista, eu os chamei da outra vez que ele foi no meu serviço e demoraram três horas para chegarem, por isso que estou acuada."

A fala de Maria Rita era repleta de indignação, principalmente pela sensação de impunidade que aparecia a todo momento no caso.

"Por que ele ainda não foi preso?"

Ele está se colocando como um coitado. Fez amizade com meu pai, até cesta básica ele levou. Ele chegou no meu irmão para falar mal de mim, diz que eu tô tentando destruir a vida dele. Está se colocando como um coitado. Infelizmente a gente só sente as coisas quando acontece com a gente. Eu tenho sentimento de ódio e de pegar uma arma que se tiver mil balas atirar na casa dele!"

Essa mulher notoriamente está em risco pessoal e social, mas informa que, diante da oferta de ir para um abrigo, negou com a seguinte justificativa:

"Eu não posso ficar presa de tudo. Eu recusei ir pra um abrigo porque eu não vou conseguir ficar presa. Eu sei das consequências, mas eu não posso ficar presa por causa de uma pessoa. Eu não acho justo pra mim. Estou exercendo meu direito de ir e vir. Eu sei que eu posso estar na estatística, eu sei que estou correndo risco, mas o que eu quero é a punição dele! A ré está se tornando eu e ele a vítima. Por isso onde eu vou eu falo mesmo."

A fala incisiva e a postura corajosa dessa mulher, ao mesmo tempo que me comoveram, me deixaram entristecida em saber dos reais riscos a que estava exposta. Sua fala me trouxe uma clareza inconfundível de que sua luta não era somente sua, mas diz da coletividade feminina que passa por situações semelhantes. O senso de justiça expressado por ela traz uma ponta de esperança de que é preciso continuar lutando contra todo um sistema notoriamente desigual e até mesmo excludente.

Maria Lúcia
Mulher, 28 anos

Compareceu para atendimento com a filha de 3 anos, que se escondia timidamente atrás da mãe. Relatou que estava morando com seu namorado há cinco anos. Esclareceu que se conheciam desde a adolescência e que ele sempre demonstrou muito ciúme por ela. Confessou que no começo achava normal esse comportamento exagerado do companheiro, mas que só foi piorando. Com o passar do tempo, ele já não permitia que usasse certos tipos de roupas que ele considerava indecentes, era ele que decidia com quem conversava e onde poderia ir. Mesmo assim, aceitou ir morar com ele em outra cidade. Quando lá chegaram, ficou cada vez mais isolada. Não era permitido sequer ter contato telefônico com seus pais. Com a gravidez pensou que a situação ficaria melhor. Pelo contrário, ficou ainda mais grave.

"Me sentia refém dentro de minha própria casa."

"Nem a consulta pós-parto ele me deixou fazer, disse que médico nenhum me veria pelada."

As poucas vezes em que ousou desobedecer "às ordens de não sair sozinha", a punição foi severa: "Houve gritos, empurrões e até tapa na cara levei". Confessou, mas acrescentou que ele sempre se arrependia em seguida e prometia não repetir tal ato.

"Te amo demais! Não vivo sem você!"

Eram declarações que a faziam se sentir culpada pelas vezes que pensava em abandonar o companheiro.

"Tadinho! O que vai fazer sem mim?", ela se perguntava.

E o pior e que ela mesma já não se sentia confortável em sair sozinha.

"Sentia que tinha alguém me perseguindo, via sua sombra em todos os lugares! E aí eu optei por ficar quieta em casa."

No caso de Maria Lúcia, ela aproveitou o fato de ter que renovar o seu benefício social e contou no atendimento tudo o que se passava com ela. Dias depois profissionais da assistência social foram a sua casa e conseguiram resgatá-la de sua "prisão". Ela retornou para a casa de seus pais e tentava de todas as formas reconstruir sua vida.

"Tenho certeza de que sem ajuda eu não ia conseguir sair de lá!"

O interessante nesse caso é que, mesmo com toda a força que emanava de Maria Lúcia, seu agressor não desistiu sem resistir, passou a usar a filha do casal como um instrumento de pressão e abuso psicológico da mulher.

"A medida de afastamento que a justiça deu foi só para mim, não para nossa filha.

Ele pega a menina e fica perguntando sobre mim, se estou namorando, essas coisas. Ou então diz para ela que 'a mamãe quer prender o papai'. Me sinto péssima e não sei o que responder para minha filha."

Maria Elvira
Mulher, 75 anos

Dona de casa, sempre foi conhecida pelas vizinhas como mãe de família dedicada. Teve nove filhos, hoje todos adultos, só resta morando com ela sua filha caçula. O rosto enrugado nos conta uma história de muita luta em prol da família.

"Meu marido morreu cedo, de doença de chagas. Fiquei sozinha para criar meus meninos."

"Passei muita luta, lavava roupa pra fora, até lixo já catei para ter o que comer."

Os filhos foram crescendo e foram viver suas próprias vidas.

"Hoje ninguém vem me visitar", fala, carregada de tristeza.

"A minha filha mais nova mora comigo, mas ela não tem muita paciência comigo não, xinga, fala alto palavras feias. Ih, gosto nem de lembrar!"

Maria Elvira demonstra ter muito medo da filha, queixa-se nos momentos de consulta, momentos em que comparece sozinha, mesmo tendo muitas dificuldades para entender as orientações dos médicos, mas praticamente implora para que não seja questionado esse fato com a filha.

"Ela pode ficar brava à toa."

"Mas fico triste mesmo é quando ela me chama de 'velha burra e inútil'."

Mesmo vivendo nesse contexto extremamente violento emocionalmente para Maria Elvira, ela descarta completamente a intervenção de qualquer profissional ou parente e até mesmo protege e justifica sua filha.

"Deixa ela, tadinha, não me incomodo pelo jeito que me trata."

Maria Joana
Mulher, 68 anos

Mãe de sete filhos, seis do sexo feminino vivos e um do sexo masculino, falecido quando tinha 9 meses de vida. O falecimento de seu filho trouxe sérias implicações que a acompanhavam ao longo da sua vida.

A família, tanto da parte de seu marido quanto da sua, queria muito um filho homem e, quando enfim conseguiu engravidar de um menino, foi uma festa geral. Ela descreve o período de gestação como muito tranquilo, mas o parto diz que foi especialmente traumático, o recém-nascido precisou permanecer por longas semanas no hospital. Quando enfim o filho pôde ir para casa, começou outra luta muito desgastante para ela, pois não conseguia amamentar.

"Não adiantou a canjinha, que minha sogra fez, a canjica, nada disso deu certo comigo."

"Porque não tive leite suficiente", todos diziam que a criança ficou fraca e por isso não "vingou".

O marido em especial sempre lembrava desse fato e, de acordo com o relato dela, ele sempre jogava isso na cara dela. E ela também se torturava mentalmente por causa disso.

"Não passa um dia em que não me culpo pela morte do Edgar."

Levou longos anos até que Maria Joana conseguisse externalizar a sua angústia e entendesse que isso era uma forma de violência que ela "aceitou" por muitos anos. O reconhecimento desse fato, claro, não trouxe seu filho de volta, mas a libertou de forma que ela pudesse continuar sua vida não como uma "assassina", mas como uma mãe enlutada.

E assim continuam as histórias das muitas Marias por aí...

É preciso deixar bem claro que a violência contra as mulheres é, infelizmente, uma prática socialmente aceitável e não é apenas vinda do sexo masculino, pois, como apresentado em alguns dos casos, também ocorre entre pessoas do mesmo sexo, apesar de bem poucos estudos nesse sentido. Nossa cultura é em vários aspectos violenta e alienante. No caso da violência impetrada contra a mulher, esse processo permanece estancado, o que favorece a retroalimentação do ciclo da violência nas famílias.

Essas são apenas algumas histórias com as quais me deparei em minha caminhada, em todas elas temos em comum o elemento da violência presente nas relações interpessoais e institucionais. Observe, caro leitor, que muitas são sutis, mas potencialmente destrutivas em seus efeitos e em suas consequências.

A intenção nunca foi expor ou revitimizar as mulheres apresentadas aqui, que inclusive tiveram seus nomes trocados a fim de preservar suas identidades, pois de forma alguma são vítimas, mas sim sobreviventes cada uma a seu modo. O intuito é de trazer à luz formas de violências sutis que trazem prejuízos físicos e emocionais para quem está passando por situações como essas.

Quantas outras Marias há por este Brasil e mundo afora!

As histórias se entrelaçam e dançam como um ir e vir de uma longa trança. Um ponto de inferência que todas compartilham sem querer: o forte traço de abuso emocional a que são ou foram submetidas diariamente.

Vivemos tempos em que há um aflorar de sentimentos e emoções. Assim, somente a mulher pode dar voz a ela mesma.

CAPÍTULO 6

RECONHECENDO A VIOLÊNCIA NOSSA DE CADA DIA

Podemos aqui estabelecer o caráter democrático da violência contra a mulher, uma vez que atinge as mulheres da mais tenra idade à mais idosa e em todas as classes sociais. Também a violência não está centrada apenas em gêneros diferentes, como já havíamos referido anteriormente, uma vez que existem mulher agressoras, mulheres que também violentam outras mulheres.

Ao pensar na violência contra a mulher é necessário não a considerar como intrínseca ao ser humano, a determinados grupos sociais, mas sim buscar seu entendimento como um fenômeno social multifacetado e não como uma fatalidade. O pensamento durkaniano dá conta de que este é um fato social patológico, ou seja, é observado em praticamente todo o mundo.

O que me causa espanto é pensar no que as pessoas fazem com as outras. No quanto o ser humano pode ser cruel com o seu semelhante. A violência subjetivada, enquanto um sintoma social, é apreendida. Vivemos em uma sociedade extremamente violenta, e como se dá a construção social e emocional das relações violentas é fundamental para o entendimento dela como um todo.

O modelo vigente, cujas bases são machista, é potencializador dos diversos tipos de violência contra as mulheres e é tão forte que se torna necessário dialogar e refletir em como as sutis formas de violência psicológica agem e interferem na vida das mulheres. O simples fato de não dar à mulher oportunidades iguais aos dos homens já se constitui em uma forma de violência.

O tipo de frase dita às mulheres, como "você não é capaz disso porque é mulher", retrata um forte grau de desvalorização do sexo feminino. Eu mesma já ouvi em uma entrevista de emprego: "queremos uma funcionária com útero seco", lê-se nas entrelinhas: "queremos uma funcionária que não fique grávida, que não fique de licença-maternidade ou que não fique de atestado para cuidar de um filho doente, que não se atrase por causa de uma reunião na escola."

A realidade é bem diferente da que está legalizada. Ouço relatos das mulheres trabalhadoras que atendo de que, quando retornaram da licença-maternidade, foram demitidas de seus serviços vencidos os prazos previstos em lei.

Ah, se a mulher soubesse a força que tem!

Atuando como profissional de saúde, atendo muitas mulheres adoecidas cujas histórias são marcadas por forte teor de violências, percebo que um grande dificultador dessas questões é o desconhecimento. Em uma rápida pesquisa informal, perguntei a todas as mulheres que atendi em dado mês se já haviam sofrido ou estavam sofrendo algum tipo de violência. A maioria respondeu que não. Outras nem sequer sabiam o que pensar sobre o questionamento. Mesmo sabendo enquanto técnica que estavam vivenciando uma relação abusiva emocionalmente, as mesmas mulheres que disseram não estar passando por situações de violências prosseguiam no atendimento relatando formas sutis ou declaradas de violência, que nem sequer conseguiam reconhecer como tal.

Esses dados me dão elementos para considerar que a variável informação deve ser levada em consideração ao enfrentar essas questões, uma vez que o desconhecimento é um fator que contribui para a manutenção das violências.

Um bom modelo de ação a ser pensado é o grupo reflexivo, que tem como público-alvo homens agressores, proposto pelo judiciário em várias capitais brasileiras, para o cumprimento de medida alternativa, esse é um exemplo de enfrentamento a estas questões. Esse tipo de projeto vem conseguindo bons resultados, diminuindo significante a reincidência dos participantes ao crime. Daí vemos a importância de fomentar espaços para o diálogo dessa questão, pois só é possível enfrentar algo se conhecemos do que estamos falando. A certeza de que o problema deve ser tratado em todas as dimensões e não o minimizar é urgente. O popularmente conhecido "foi apenas um empurrãozinho" deve ser ressignificado pela sociedade.

As variadas formas de violências direcionadas à mulher no dia a dia a fragilizam e barram o seu evoluir. O triste é perceber que esses jargões são aceitos como normais e muitas vezes são reforçados e repetidos até mesmo por outras mulheres.

As relações interpessoais geralmente são violentas. Até o considerado mais bonzinho dos seres humanos, em algum momento, é passível de reproduz tipos de violência contra as mulheres. O problema atinge proporções gigantescas se considerarmos que as estatísticas só expressam as formas mais graves da manifestação dessa violência.

Como saber se estou em uma relação abusiva? Onde buscar ajuda?

"Não quero problema com a polícia!", frase que sempre ouço nos atendimentos dessas mulheres. Como se esse fato fosse um problema exclusivo do âmbito policial.

Outro aspecto relevante, que pode ser observado na situação que se apresenta nos casos acompanhados, é o fato de que as violências tendem a se repetir. Algumas das mulheres que ouvi contam que já haviam sofrido abusos em relacionamentos anteriores, algumas chegaram a afirmar que já estavam "acostumadas" com tal situação. Nesse sentido, um paradoxo interessante é estabelecido: se as mulheres já conhecem "os protocolos" das violências, por entram num novo relacionamento também abusivo?

O ciclo da violência elaborado pela psicóloga estadunidense Lenore Walker é um instrumento interessante, pois ajuda a entender a dinâmica do processo em suas fases. Contudo, nunca podemos pensar em um influxo de forma linear, pois as relações são balizadas por multifatores, individuais, culturais e sociais.

Figura 5 - Ciclo da violência
Fonte: Tribunal de Justiça do Estado de Paraná, 2022

A figura anterior se constitui em um material para dialogar de forma didática sobre as violências. O importante é conseguir se situar em que momento desse ciclo se está e a partir daí romper com a situação. É possível quebrá-lo, mas ainda há muito a se fazer. Talvez agora mesmo é possível dar uma pausa na leitura e, diante de tudo que já foi lido até aqui, refletir sobre o que cada um pode fazer para ajudar alguma mulher que passa por essa situação.

Elaboramos a figura a seguir com situações observadas nos fragmentos dos casos que foram apresentados, entendendo que geralmente numa situação de violência a mulher vivencia não apenas uma isoladamente, mas também outras formas. O peso que as violências trazem para o gênero feminino acarreta reais prejuízos para a forma de se colocar no mundo.

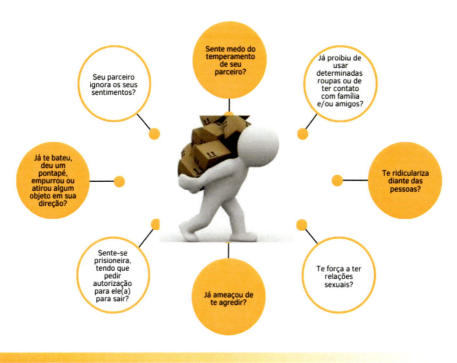

Figura 6 - Resumo comportamentos abusivos
Fonte: elaborado pela autora, 2021

É preciso ficar atento à presença de um ou mais desses comportamentos dentro de um relacionamento, quer seja profissional, afetivo, conjugal etc., pois sinalizam um comportamento abusivo. E caso conheça alguém passando por essa situação, ofereça sua ajuda.

CAPÍTULO 7
ENFIM...

As "Marias" estão do nosso lado, no nosso trabalho, na nossa família, nas ruas, nas igrejas, nos *shoppings*, nos casebres e também nas mansões. O trágico é que muitas vezes não as vemos e esse é um dos grandes problemas construídos socialmente: a invisibilidade das "Marias". É sabido que não existem fórmulas mágicas para sobreviver às mais variadas formas de violência que cada uma a seu tempo e modo foram submetidas. Aliás, desconfiem das pessoas que prometem transformações instantâneas e resultados imediatos da noite para o dia. O caminho é longo e delicado, até porque a vulnerabilidade incidida nesses casos vem de toda uma estruturação social incidida sobre o gênero feminino. O autor Grotberg (2005) afirma que é nas adversidades que o ser humano encontra capacidade de enfrentar, vencer e ser fortalecido ou transformado por suas experiências de vida.

O apoio da família, de instituições e de profissionais preparados é de fundamental importância para acolher essa mulher que chega pedindo socorro de forma muitas vezes silenciosa. Ter sensibilidade para interpretar os não ditos é uma arte. Existem grupos de autoajuda que muito podem auxiliar na ressignificação de suas histórias de vida.

Quanto a mim, que também sou Maria, em algum ponto o grilhão da violência psicológica tenta me manter prisioneira, trazendo ao subconsciente um automatismo indesejado. Não digo isso como uma fatalidade, mas como um frescor de esperança, de que é possível prosseguir com a vida com dignidade e resiliência, criando novos hábitos ou resgatando outros já perdidos:

Parar, refletir.

Fazer psicoterapia.

Praticar exercícios físicos regulares.

Aceitar-se e valorizar-se do jeito que é.

Cercar-se de pessoas que te querem o bem.

Aprender a dizer não, sem se sentir culpada como se fosse a pior das criaturas.

Reconhecer e pedir ajuda.

Chorar, por que não? Não um choro paralisante, mas um choro que pode lavar a alma, um recomeço de uma vida.

É na subjetividade feminina que deve ocorrer o primeiro movimento em sentido ao empoderar-se, de uma nova construção do que é ser mulher. Repensar a violência mais do que nunca se torna urgente e necessário. O tema não está esgotado, uma vez que ainda não está superado.

Hoje posso me considerar uma sobrevivente de uma guerra travada diariamente, sim, a palavra é guerra, pode parecer forte, mas é a mais apropriada para o caso. O corpo só é um reflexo externo do que vai lá dentro. Trata-se de dignidade, encarar a imagem refletida no espelho e saber entender que as diferenças maiores ocorreram por dentro, lugar onde ninguém pode ver. O olhar para o mundo mudou, a forma de educar e criar meus filhos mudaram. É a certeza de saber que o que me fere não é bom para mim e de que nunca conseguirei responder às expectativas dos outros em relação a minha pessoa. Acreditem nisso, é libertador! O ponto aqui não é estabelecer a supremacia entre um e outro sexo, mas pensar que é possível viver numa sociedade com mais oportunidades para todos, independentemente do marcador social gênero.

O entendimento dessa construção leva a refletir que a cura é um processo que nos liberta e permite reelaborar os fatos mesmo apesar da violência nossa de cada dia.

REFERÊNCIAS

ARENDT, H. **Sobre a violência**. Rio de Janeiro: Editora Civilização Brasileira, 2011.

BEAUVOIR, S. **O Segundo Sexo**: Fatos e mitos. Tradução de Sérgio Millieti. 3. ed. Rio de Janeiro: Nova Fronteira, 2016.

BEAUVOIR, S. **O Segundo Sexo**. São Paulo, 1987.

BRASIL. **Lei Maria Da Penha**. Lei n.º 11.340, de 7 de Agosto de 2006. Brasília, 2006.

BRASIL. **Lei Maria Da Penha**. Lei n.º 13.984, de 3 de Abril de 2020. Brasília, 2020. Disponível em: http://www.planalto.gov.br/ccivil_03/_ato2019-2022/2020/lei/L13984.htm. Acesso em: 27 ago. 2022.

BRASIL. **Portaria n.º 104, de 25 de janeiro de 2011**. Estabelece a notificação compulsória, no território nacional, do caso de violência contra a mulher que for atendida em serviços de saúde públicos ou privados. Brasília, 2011. Disponível em: https://bvsms.saude.gov.br/bvs/saudelegis/gm/2011/prt0104_25_01_2011.html. Acesso em: 27 ago. 2022.

CARDOSO, E. A. Os prefixos negativos: criação e expressividade na poesia de Drummond. **Filologia e Linguística Portuguesa**, São Paulo, n. 8, p. 11-22, 2006.

COMOLI, E.; CANTO, K. **Pandemia impacta mais a vida das mulheres.** Revista Unicamp. Cultura e sociedade. Campinas: Unicamp, 2020.

Disponível em: https://www.unicamp.br/unicamp/noticias/2020/08/19/pandemia-impacta-mais-vida-das-mulheres, acesso em 18 de abril de 2022.

DURKHEIM, É. **As Regras do Método Sociológico**. 13. ed. São Paulo: Nacional, 1987.

FEMINICÍDIO. **Ciberdúvidas da Língua Portuguesa**, Lisboa, [2022]. Disponível em: https://ciberduvidas.iscte-iul.pt/artigos/rubricas/idioma/as-muitas-faces-linguisticas-da-mulher/4427. Acesso em: 18 abr. 2022.

TJPR. FÓRUM PARANAENSE DE VIOLÊNCIA DOMÉSTICA E FAMILIAR CONTRA A MULHER. **Ciclo da Violência**. 2022. Disponível em: https://www.tjpr.jus.br/web/cevid/ciclo-violencia, acesso em 19 de abril de 2022.

FREIRE, P. **Pedagogia do oprimido**. São Paulo: Paz e Terra, 1974.

FREUD, S. O inconsciente (1915). *In*: FREUD, S. **A história do movimento psicanalítico. Artigos sobre metapsicologia e outros trabalhos**. Rio de Janeiro: Imago, 1980. (Edição standard brasileira das obras psicológicas completas de Sigmund Freud, vol. XIV).

GROTBERG, E. H. Introdução: novas tendências em resiliência. *In*: MELILLO, A.; OJEDA, E. N. S. (org.). **Resiliência**: Descobrindo as próprias fortalezas. Porto Alegre: Artmed, 2005. p. 15-22.

HABERMAS, J. **Consciência moral e agir comunicativo**. Rio de Janeiro: Tempo Brasileiro, 1989.

INSTITUTO BRASILEIRO DE GEOGRAFIA E ESTATÍSTICA (IBGE). **Censo Demográfico 2010**. Características da população e dos domicílios: resultados do universo. Rio de Janeiro: IBGE, 2010. Disponível em: https://www.ibge.gov.br/apps/snig/v1/?loc=0&cat=-15,-16,53,54,55,--17,-18,128&ind=4704. Acesso em: 27 ago. 2022.

INSTITUTO BRASILEIRO DE GEOGRAFIA E ESTATÍSTICA (IBGE). **Pesquisa Nacional por Amostra de Domicílios (PNAD) 2019**. Rio de Janeiro, 2019. Disponível em: https://www.ibge.gov.br/. Acesso em: 27 ago. 2022.

INSTITUTO DE PESQUISA ECONÔMICA APLICADA (IPEA). **Brasil em desenvolvimento**: Estado, planejamento e políticas públicas. Brasília: Ipea, 2021 Disponível em: https://www.ipea.gov.br/atlasviolencia/publicacoes. Acesso em: 30 maio 2022.

LACAN, J. [1973]. Televisão. *In*: LACAN, J. **Outros escritos**. Rio de Janeiro: Jorge Zahar, 2003. p. 508-543.

MOZAFFARI, F. **Charge**: violência verbal. ONU Mulheres e cartunistas divulgam charges para criticar desigualdades de gênero. ONU Mulheres, Brasília, 2018. Disponível na internet em: http://www.onumulheres.org.br/noticias/onu-mulheres-e-cartunistas-divulgam-charges-para-criticar-desigualdades-de-genero/, acesso em 29 de agosto de 2022.

MULHER. **Ciberdúvidas da Língua Portuguesa**, Lisboa, [2022]. Disponível em: https://ciberduvidas.iscte-iul.pt/artigos/rubricas/idioma/as-muitas-faces-linguisticas-da-mulher/4427. Acesso em: 18 abr. 2022.

MULHERES CHEFES de famílias: quem são e quantas são. **Dor Consultoria**, [*s. l.*], 10 de março de 2021. Disponível em: https://dorconsultoria.com.br/2021/03/10/mulheres-chefes-de-familia/. Acesso em: 27 ago. 2022.

MULHERES E as ideias iluministas. **PrePARA ENEM**, [*s. l.*], c2022. Disponível em: https://www.preparaenem.com/historia/mulheres-as-ideias-iluministas.htm. Acesso em: 20 abr. 2022.

NAVES, E. T. A mulher e a violência. Uma devastação subjetiva. **Rev. Subj.**, Fortaleza, v. 14, n. 3, dez. 2014. Disponível em: http://pepsic.bvsalud.org/scielo.php?script=sci_abstract&pid=S2359-07692014000300009. Acesso em: 8 ago. 2019.

NOGUEIRA, C. *et al*. Fundamentos construcionistas, sociais e críticos para o estudo do gênero. **Psicologia**: Teoria, Investigação e Prática, [*s. l.*], v. 2, p. 1-15, 2005.

ORGANIZAÇÃO MUNDIAL DA SAÚDE (OMS). **Devastadoramente generalizada**: 1 em cada 3 mulheres em todo o mundo sofre violência. Genebra, 2016. Disponível em: https://www.paho.org/pt/noticias/

9-3-2021-devastadoramente-generalizada-1-em-cada-3-mulheres-em-todo-mundo-sofre-violencia. Acesso em: 27 ago. 2022.

ORGANIZAÇÃO PAN-AMERICANA DA SAÚDE (OPAS). **Pandemia de COVID-19 afetou mulheres desproporcionalmente nas Américas**. **Washington, 2022.** Disponível em: https://www.paho.org/pt/noticias/8-3-2022-pandemia-covid-19-afetou-mulheres-desproporcionalmente-nas-americas. Acesso em: 29 ago. 2022.

PASQUINI, P. Em SP, homens causam mais acidentes de trânsito que mulheres, aponta estudo. **Folha de S. Paulo**, São Paulo, 21 out. 2020. Disponível em : https://www1.folha.uol.com.br/cotidiano/2020/10/em-sp-homens-causam-mais-acidentes-de-transito-que-mulheres-aponta-estudo.shtml#:~:text=%C3%89%20o%20que%20indica%20um,do%20sexo%20masculino%20ao%20volante. Acesso em: 19 abr. 2022.

REICHENHEIM, M. *et al*. Violence and injuries in Brazil: the effect, progress made, and challenges ahead. **Lancet**, London, v. 4.377, n. 9.781, p. 1962-1975, Jun. 2011.

ROSALDO, M. A mulher, a cultura e a sociedade: uma revisão teórica. *In*: ROSALDO, M.; LAMPHERE, L. (coord.). **A mulher, a cultura e a sociedade**. Rio de Janeiro: Paz e Terra, 1979. p. 33-64.

ROSALDO, M. O uso e o abuso da antropologia: reflexões sobre o feminismo e o entendimento intercultural. **Horizontes Antropológicos**, Porto Alegre, ano 1, n.1, p. 11-36. 1995.

SUPRANI, R. **Charge**: reflexos. ONU Mulheres e cartunistas divulgam charges para criticar desigualdades de gênero. ONU Mulheres, Brasília, 2018. Disponível na internet em: http://www.onumulheres.org.br/noticias/onu-mulheres-e-cartunistas-divulgam-charges-para-criticar-desigualdades-de-genero/, acesso em 29 de agosto de 2022.

SWAIN, T. N. Mulheres indômitas e malditas: a loucura da razão. *In*: MUCHAIL, S. T.; FONSECA, M.A.; VEIGA-NETO, A. (org.). **O mesmo e o outro** – 50 anos de História da Loucura. Belo Horizonte: Autêntica, 2013. p. 227.

TOREZAN, Z. C. et al. O sujeito da psicanálise: particularidades na contemporaneidade. **Rev. Mal-Estar Subj.**, Fortaleza, v. 11, n. 2, 2011. Disponível em: http://pepsic.bvsalud.org/scielo.php?script=sci_arttext&pid=S1518-61482011000200004#:~:text=Na%20atualidade%2C%20%C3%A9%20poss%C3%ADvel%20evidenciar,o%20sujeito%20suscet%C3%ADvel%20%C3%A0%20objetaliza%C3%A7%C3%A3o. Acesso em: 8 ago. 2019.

VADOT. N. **Charge**: mulher profissional. ONU Mulheres e cartunistas divulgam charges para criticar desigualdades de gênero. ONU Mulheres, Brasília, 2018. Disponível na internet em: http://www.onumulheres.org.br/noticias/onu-mulheres-e-cartunistas-divulgam-charges-para-criticar-desigualdades-de-genero/, acesso em 29 de agosto de 2022.

WALKER, L. **The Battered Woman**. New York City: Harper and Row, 1979.

WORLD ECONOMIC FORUM (WEF). **Global Gender Gap Report**. Geneva, 2021. Disponível em: https://www.weforum.org/reports/global-gender-gap-report-2022/. Acesso em: 28 abr. 2022.

ZIZEK, S. **Violência**: seis notas à margem. Tradução de Miguel Serras Pereira. Lisboa: Relógio D'Água, 2009.